LOS SUAVES DESLICES
DE LA LLUVIA

EDITORIAL CÁNTICO
COLECCIÓN · DOBLE ORILLA, POESÍA
DIRIGIDA POR RAÚL ALONSO

cantico.es · @canticoed

Suscríbete a nuestro blog en

 @canticoed

© Enrique Bunbury, 2025
© Editorial Almuzara S.L., 2025
Editorial Cántico
Parque Logístico de Córdoba
Carretera de Palma del Río, km. 4
14005 Córdoba
© Prólogo: Luis Alberto de Cuenca, 2025
© Fotografía del autor: José Girl, 2025
Imagen de cubiertas: *El tiempo* (1810) por Pieter Christoffel Wonder
Imagen de falsas guardas: *The Elbe in Rain* (1857) por Johan Christian Dahl

1ª edición: septiembre de 2025
2ª edición: octubre de 2025
ISBN: 978-84-10288-65-2
Depósito legal: CO 1455-2025

Impresión y encuadernación:
Gráficas La Paz

ENRIQUE BUNBURY

*LOS SUAVES DESLICES
DE LA LLUVIA*

EDITORIAL CÁNTICO

COLECCIÓN DOBLE ORILLA 🦁 POESÍA

SOBRE EL AUTOR

ENRIQUE BUNBURY es un cantante, compositor y y productor español. Vocalista de la banda de rock Héroes del Silencio entre los años 1984 y 1996. Tras la ruptura del grupo, comienza su carrera solista al año siguiente, consolidándose como un autor imprescindible en la música en nuestro idioma, tanto en España, como en América. Ganador del Latin Grammy al mejor álbum de Rock en 2017 y recientemente, inducido el Latin Songwriters Hall of Fame en Miami, ha publicado una veintena de discos en estudio, además de una decena de álbumes en directo. Su última larga duración, editado en 2025, ha sido *Cuentas Pendientes*.

Incursionó en la poesía como autor de los libros *Exilio Topanga* (La Bella Varsovia, 2021) y *MicroDosis* (Cántico, 2023). También publicó el libro de correspondencias *La Carta* (Liburuak, 2024).

LA POESÍA DE BUNBURY

por Luis Alberto de Cuenca

Real Academia de la Historia

ADEMÁS de suministrar sólidos argumentos para probar lo que he pensado siempre, a saber, que música y poesía nacieron juntas en la Grecia arcaica, y que lo de «misteriosa forma del tiempo», aplicado por Borges a la música al final de su *Otro poema de los dones*, podía aplicarse también a la poesía, Bunbury reúne unos mil quinientos requisitos más para que me haga ilusión escribirle estas líneas preliminares. No lo conozco personalmente, pero lo he seguido de cerca en los últimos años y he constatado que armoniza a la perfección su naturaleza de *rocker* con su condición de poeta. Como urdidor de versos, es un tipo que abraza todas las temáticas posibles, en la idea terenciana de que no hay nada de lo humano que le sea ajeno. Y eso está muy bien porque es el evangelio de los viejos humanistas, y a mí aquellos sabios bizantinos que inventaron la modernidad huyendo de la Constantinopla ocupada y enseñaron de qué iba el humanismo a Ficino, Pico della Mirandola, León Hebreo, Castiglione y gente por el estilo me caen estupendamente. Los poemas de Bunbury tienen la música callada de quien renuncia a la métrica tradicional sin renunciar por ello a la tradición poética de Occidente, desde Safo y Catulo hasta Petrarca, el capitán Aldana y los tres poetas hispánicos de última hora que Enrique cita generosamente.

Madrid, 12 de febrero de 2025

I

... al final solo importan las cosas del principio.

Luis Alberto de Cuenca

ANNAPURNA 1

Los días últimos de este invierno lento
podrían ser decenas o tan sólo dos.

El lapso no importaba.
Tan solo el deambular cansino
sorteando burocracias,
salas de espera, ambulatorios
y las cada vez más frecuentes *i te uves*.

Así, el lento deterioro del cuerpo
parecía eternizarse, sin notificar urgencia ni pausa,
como si se deslizara por la ladera norte del Annapurna 1
eludiendo un alud de vísceras y nieve sucia.

A partir de los cinco mil metros
escasea el oxígeno y el pulso
se acelera al ritmo de un tambor errático.
Las rodillas flaquean, cediendo al pacto de la gravedad,
acude en su auxilio, firme, el piolet,
mientras se enfunda un golpe de granito
acorazado en el pecho.

Con arritmias sospechosas, le administraban
una apacible combinación química
de mármol y seda.
En sus venas, una calma de invierno.

Trasladado al hospital de campaña,
en alas de nocturnidad,
lo inmovilizaron con correas de cuero
cuando deambulaba por los pasillos.
Como Frances Farmer
en sus dorados sueños de vuelos furtivos.

La sanidad tenía el acervo y el decoro
y contaba con el apoyo incondicional
de un público entusiasmado
sin interrogantes, ni fisuras, ni faltas.
En caso de error, siempre se alegará
insuficiencia de recursos y abastos.
Coartadas perfectas, disculpas optativas.

Su padre repetía las palabras
dos, tres, cuatro veces,
en lo que se tomaba un café solo.

Las escuchaba, paciente,
al otro lado del teléfono
como un sonido nuevo,
como si nunca hubiera atendido,
con la curiosidad entrañable
de a quien todo le incumbe
y le parece fascinante.

EL SOLITARIO GLACIAR DE LAS AFUERAS

A una distancia prudente
entre la obediencia y la frialdad,
las palabras de su agonía
parecían consultas
desahuciadas en el aire.

Poseía una seriedad congénita,
un verso suelto e incómodo.
Oveja negra,
pentagrama o cabra,
de vuelta al cortijo
de Pascuas a Ramos,
saldando, con un leve balido,
el preámbulo de un beso.

Se tornaba esquivo
atesorando decepciones a puñados
y esperanzas consumidas
en libros de texto y versículos,
en vaso de tubo y tres hielos,
como moscas en una taberna
oscura y fétida.

Transitaba la avenida
por el carril contrario
sonriendo lo que podía,

auscultando lo aprendido,
entregado a episodios
de saber y consejo
a quien con él viniera.

Los amigos mueren antes.
Les sucede a los longevos.
Ocurrencias y manías adquiridas.

Podrían disfrutarse
hasta que el sol se extinguiera
o les cortaran la calefacción,
muertos de un frío amable,
en el solitario glaciar
de las afueras.

LA ÚNICA RAZÓN

La única razón por la que algo
realmente importaba
es porque tenía un final.

La partida de *mahjong,* que se extendía
desde el ayer inaccesible hasta el ahorita mismo,
era la bóveda y cosmogonía que les guareció
estática y celeste, vigilante y preventiva.

La razón por la que le quería
era porque le había aceptado entonces,
cuando era tan solo un futurible,
más oscuro que el agujero del culo de Baal
y, más que probable, simplemente imposible.

Sin motivo aparente, ni alegórico siquiera,
más allá de lo mero y sanguinario,
el tránsito de sus respectivos cuerpos:
El de su padre, gastado. Laberíntico, el suyo.
Seguían en el lugar inverso, preciso,
en el mismo centro de la extrañeza,
entre un hábito testarudo
y desavenencias insignificantes,
persiguiendo un propósito
nunca al alcance de su mano.

Aunque las mejores cosas
en la vida fueran gratis,
solía preferir las peores.
Entre la pasión y el error constante
se iba consumando su propia vida,
jugándose el pescuezo.

El afán por no equivocarse
bajo una lluvia sin paraguas
fue motivo de trifulcas,
de candongas y de inopia.

Debería haber pasado
los últimos cien años
pidiendo perdón y disculpas.
Se apagaba la vida
con obsolescencia programada.
Un fastidio, un incordio.

La única razón por la que
importaba tanto era
—ahora quedaba en evidencia
y en cierto modo se sentía avergonzado—,
porque vislumbraba su pronto final.

ÁFRICA

Hablaba en perfecto francés
—antes de la primavera—
y se entendía sin reparo
con los nativos de Monastir,
porque, a veces, el propio idioma
solo le daba disgustos.

No sabían articular las lagunas
de la memoria inmediata.
Mojaban pellizcos de *khobz*
sazonados en *harisa* picante carmesí
y bebían a sorbitos las infusiones de menta
—caldos vaporosos, tisanas de silencios—
bajo un sol abrasador de dunas
y camellos en manada.

Profanaron reliquias de granito
y señoríos, previniendo
a quienes se arrojaran al dulzor
de los versículos sagrados
y los oráculos del Corán.

Tal vez aburrido, quizás distante,
se entrelazaban en peroratas de altos vuelos.
Trabándose, entrecortado,
intentando explicarse,

desarticulado todavía,
consiguiendo tan solo justificar
un absurdo y presuntuoso
«soy un místico» que, seguramente
sonaría en los oídos de su padre
como lo que en realidad significaba:
«soy un cretino».

EL CAFÉ DE LAS COLINAS DE LA TIERRA DE LOS BOSQUES

Sonaba en el café un estruendo
de música-de-mierda.
Coco-huequismo-absolutista
para desalentar y desinflar de argumentos
los últimos retazos de pensamiento crítico.
Accidentes de la paranoia,
entregados apasionadamente,
al calor de una migración sin retorno.

Ahí no olía ya ni a canela,
ni a cardamomo, ni a clavo
ni a aroma perfumado alguno,
sepultado entre las bambalinas,
desfallecido en relámpagos de glorias pasadas:
la ronda de la rima y el ritmo
se quedaría sin los pocos devotos
y camaradas que la sirvieran.

Echaba de menos las cabinas telefónicas,
que engullían monedas a puñados
en conferencias internacionales,
llamando a una casa en la que nunca
estaba quien debía:
«Mejor llame más tarde,
a la hora de cenar».

Padre e hijo. Ahora
se sentía más hijo que nunca.
Sin embargo, se miraba
en el reflejo de la vidriera
y veía los ojos de su progenitor.
Abría la boca y repetía esos improperios
que ahora sentía como suyos.

Nadie le enseñó, sin embargo,
a despedirse con cierta elegancia
y así permaneció décadas sentado,
esperando encontrar las palabras adecuadas
en la terraza del café en las colinas
de la tierra de los bosques.

TODO SEGUÍA IGUAL

Todo seguía igual, pero todo iba a cambiar.
El universo nunca explicaba sus porqués.
No atendía a juicios ni indulgencias
Y ahora lo arrastraban hacia esferas
reservadas a borrascas y variables
que no parecían de este mundo.
No se percataba, habiendo frecuentado
geografías y desplegados los mapas,
de que este, tal vez, ya no era su lugar.

No tuvieron tiempo de sumergirse de nuevo
en las aguas turbias de aquel mar tan suyo.
Travesías cada vez más pausadas
y temblorosas, sin prisa alguna,
hasta que fueron ya del todo imposibles.

Como si no les esperara nada
o no hiciera falta edificar nuevas tertulias
para el amor a distancia. Son otros
los que asumían ahora la urgencia
de amparar corolarios, desvanecidos
entre las arenas del desierto. Otros serían
los que se esforzaran durante su ausencia.

Hoy, creyendo que sus quehaceres importaban,
que serían inmortales por más tiempo,

que el olvido no los suprimiría de un plumazo,
y no los revestiría la broza
con la espesura tupida de la jungla
y un collado arroparía sus templos,
se echó asustado las manos a la cabeza
suplicando por una prórroga.

LA ETERNIDAD

La eternidad era una holgazana,
mientras que la vida transcurría en un pestañear
y, aun así, les aburría,
como a hipopótamos en el zoológico.

Apurados por migajas de distracción,
ocio de primer mundo y psicoanálisis,
pastillas para no dormir, protectores
estomacales y antihistamínicos
para alergias estivales.

Debía atender las codicias de la ofensiva,
reemplazando escenarios bélicos
como una veleta
a merced del maldito viento.

«EL NIÑO»

Doctrinas por las que un hombre
podría cometer cualquier locura.

Si no era un vendaval, era la lluvia
empantanando los angostillos
y canalones de un callejón oscuro.
Atorando el alcantarillado ciego
de la ciudad de los ángeles.

Oscilaba este chirimiri con más empeño
que las constantes sacudidas
—veinticinco en recuento diario—
de la falla de San Andrés. Es «el Niño»,
al que denominaban así, con ternura,
para describir su paso a la devastación.

¿Estaría en entredicho la inocencia
de los recién nacidos?
Una guardería para custodiarlos a todos,
como quien custodia la vajilla en la alacena.
Que se los quiten de en medio unas pocas horas.
Que los aguante otro. Por ejemplo,
el estado de bienestar, aunque ya no esté
bien ni Dios (que se mantenía atento
y despreocupado —siempre— aun siendo laico).

Creer que se puede creer.
Sondeos y pesquisas.
Rebelde dulzura.

EL HOTEL DE LAS MIL Y UNA ESTRELLAS I

El día del estreno de *El hotel de las mil y una estrellas* era mil novecientos setenta y ocho, o así, y jueves. El sol, pálido y cansado, se hundía en el horizonte del distrito y, como sombra que se pierde entre los caminos del alma, prefirió escabullirse de la rutina y no acudir a la clase de judo, extraescolar inexcusable, justo debajo de la casa.

Relucía, en la penumbra de la tarde, como faro olvidado en el tiempo, una pequeña tienda de electrodomésticos a plazos, como todo antes, cuando el dinero era solo espejismo en bolsillos vacíos y las letras devoraban esperanzas y no conformaban versos, sino cuotas a treinta, sesenta, noventa.

En el escaparate, como estrellas dispersas de un firmamento terrenal, encendidos los distintos modelos de televisores de tubos de rayos catódicos, resplandecían como constelaciones suspendidas al fondo oscuro del callejón. La primera cadena y la nieve danzante del u hache efe, o la carta de ajuste, se entrelazaban en una coreografía muda e infinita, que cubría la noche en un manto hasta que el sueño del negocio despertara, perezoso, al alba.

Con la nariz pegada al cristal de vaho, hielo y deseos, pudo, al menos por una hora, saborear la magia y glamur del estreno mundial en el eco distante del canto de Luis Aguilé.

EL HOTEL DE LAS MIL Y UNA ESTRELLAS II

Imaginaba su voz
adivinando los diálogos, reía
con aquello que sospechaba gracioso,
entregado a ese instante,
iluminado en la penumbra
por una veintena de televisores
y los neones refulgentes y vivos
como luciérnagas atrapadas en la vitrina.

El sonido, ahogado entre relinchos
de automóviles y el murmullo
de peatones perdidos
en sus vagos pensamientos.

Cuando volvió a casa,
desde la nada de sus pasos
—supuestamente saliendo del *dojo*—,
el *sensei* había notificado su ausencia.
Lo esperaban pacientes:
el silencio primero, un portazo después.
Su padre le llamó a su cuarto,
y no supo más que mentir,
infructuoso, lo mejor que supo,
llevándose el amargo sello
de un primer tapabocas,
con la marca de su desliz tatuada

en piel de mejilla infantil
y la huella poderosa
de los dedos de una mano.

Acusados también sus hermanos
de alguna travesura, pendiente
del hilo implacable de la justicia,
dio esta vez, y sin titubeos,
un paso al frente, convencido
de admitir la culpa,
como un acto de nobleza,
un sacrificio digno
de un mártir en coliseo romano.

Exculpando a sus hermanos
tomó sobre sus hombros
la implicación total en el asunto,
esperando una redención digna.

No se sabe de justicias predecibles.
Según su parecer y contra pronóstico,
en su total desconcierto
se llevó adjudicado un segundo golpe,
seco y de improviso,
como si el destino decidiera enseñarle
que no siempre la abnegación
encuentra consuelo
y que el cielo a veces calla,
otorga, o no se inmiscuye.

MUJERES

En la salida lateral del supermercado
acomodaron un puesto de flores, macetas y semillas.
Abono para la tierra y envoltorios
para regalos del Día de San Valentín.
Mujeres que aparcaban y soportaban
el peso del país y el universo conocido:
la economía toda.

Las tasas, antes del dieciocho de abril.
Regalos, también para los amigos de los niños.
Lidiar con gremios y llamadas perdidas
en un idioma que se parecía al oficial
pero que apenas resultaba inteligible.
Vestidas de vuelo y sombreros *Topanga*.

«Tus donaciones benefician a los estudiantes.»
«Libros usados, cedés y deuvedés.
Para más información, aquí.»

Eran el número uno de la belleza,
Gafas de sol y tinte de fin de semana.
Acupuntura cosmética, baños de sales Epson.
«No entremos en la joyería, que es muy cara».
El tiempo, para todo y para todos.

Mientras, caminaba hacia otra cafetería
antes de que cayera la noche con aplomo,
sintiendo que este era el único tipo de hazaña
del que ahora mismo se sentía capaz.

UN *WESTERN*

Con la entrañable curiosidad
de aquel al que nada le es del todo ajeno.
Militando entre la nostalgia,
la bruma y la memoria,
debería haber implorado un poco más,
a sabiendas de que las horas transcurrían en su contra.

Como agua que se escurre entre los dedos,
se le habían acabado los ritos y ofrendas,
delicadamente entregadas a aquel peñascal cobrizo
que circundaba la ciudad de Palm Springs
en un otoño inflamado de sal.

Hoy podía confirmar que seguía en activo:
se volvía a equivocar
con el texto que recitaba,
guion resumido de su propia película.
No eran así los diálogos, juraría.
Estaban mejor escritos,
y la interpretación le parecía falsa
y mal dirigida.

Error o azar, clavando sus aguijones
en las pocas dudas y certezas
que aún subsistían,
indemnes a su pensamiento.

Sólo la fe autorizaba ciertas confidencias,
rumiando nuevos versos en su cuaderno de bitácora
sin necesidad de entenderlo todo.

Un juicio interior guiaba la pauta de sus palabras.
Escribir con la inclemencia de la escenografía de un *western*
y la delicadeza de la pluma de un halcón.

LA PARTIDA Y EL *CROUPIER*

Decía Ernesto Hemingway
que para iniciar un relato
bastaba con la contundencia
de una frase verdadera.
En estos momentos, le asaltaban
tan solo sentencias triviales:
del tipo: «le echaré de menos».
Obvia, seguro algo cursi,
pero continente de una certeza irreductible,
una verdad absoluta en su sencillez.

El recuerdo (del latín *re-cordis*:
volver a pasar un pensamiento
por el corazón) custodiaba algunas reservas.
Desplantes de lo nunca dicho,
ausencias que no podían conciliarle
antes de que fuera todo imposible.
La certidumbre de que un día,
obligado a desandar el olvido,
acaso no tuvieran cabida
ni las tardes de té con pastas
ni el provisional ahora.

Contacto y revelación.
Una ouija de juguete,
una vela que titilaba

buscando una respuesta
en el vasto más allá
que se apreciaba, irónico
y cada vez más cercano.

Imaginó la vida de su padre
merecedora de un documental.
Una sucesión de imágenes,
conversaciones casuales,
como obsequio póstumo
para la familia entera.
Una evidencia acaso
de que su toda existencia
merecía escrutinio
y el enfoque detenido
de la cámara registrando
su voz última y el asombro
de la luz del foco de un proyector
Cinexin, rescatado del desván,
proyectando su recuerdo
en la pared, al fondo del salón.

Le costaba arrancar palabras
condescendientes y tiernas,
como si tratara de extraer
diamantes recónditos de la mina
en el laberinto de su *Asperger*
y solo se arrastrase en deslices,
y errores fatales de cálculo.

Torpes caídas al abismo
desde las alturas de una banqueta
en la barra de un bar,

asegurando que sería la última ronda
y se iría.

Sin lograr descifrarlo,
no acertó a entender sus porqués
hasta bien avanzada la partida.
Mientras el croupier
dictaba sentencia:
«¡no va más!
¡no va más!»

LA GUITARRA

Ni el motivo —que se desvanecía—,
ni tampoco le interesaban demasiado
los hechos. Espectros de un recuerdo
que no significaron gran cosa.

No fue su primera guitarra,
quizás la segunda o más
—la cifra sigue siendo irrelevante,
como la cronología en los sueños—,
lo único cierto es que aquella madera
contenía una pasión anegada,
una devoción casi absurda,
y, tal vez por eso,
en un rapto impenetrable,
su padre la destrozó.

Según algunas memorias apócrifas
—una versión más en el laberinto
de las adaptaciones posibles—,
el instrumento aterrizó en su cabeza
en un arrebato feroz. Otros autores,
con igual incertidumbre
y menor rigor histórico, afirman
que la estrelló contra el suelo,
haciéndola añicos, en virutas de dolor.

La memoria es sombrero de prestidigitador:
depende de la hendidura en la que escarbes
emergerá aleteando una paloma
o un pañuelo de colores anudado
a otro pañuelo engarzado a otro más
y así hasta lo que pareciera el infinito
o, frustrando la engañifa, acaso no salga nada.

El lugar exacto donde se transmutó
en añicos de mil dolores pequeños
es detalle menor en esta fábula incierta.
Aquel día, recogió los pedazos
y los selló en su funda, cripta de silencio.
No volvió a abrir sus cerraduras,
oxidadas por la desidia, durante años
(quizás fueron diez).

El tiempo pasó con la calma
de un mar que cobija tormentas.
Por su bien, intentando esquivar
al monstruo ambiguo del día de mañana,
por si todo decidía torcerse
debería haber pensado en un plan b:
invertir en ladrillo, acciones en bolsa,
apostar a la quiniela, mejorar su juego en el póker,
otros trabajos posibles, ¡qué pereza!...

Las aguas parecían entonces calmadas.
En un gesto inesperado, su padre consiguió
el teléfono de un artesano local y sin advertencia
ni consulta, reconstruyó los escombros.

La guitarra emergió más hermosa todavía,
con distintas placas de madera fina
adornadas con filigranas florales, trazadas a mano,
forjadas con devoción silenciosa,
convirtiendo el instrumento
en símbolo de amor violento y redención.
Una disculpa tácita y perfecta
que nunca necesitó ser pronunciada.

LOS SUAVES DESLICES DE LA LLUVIA

Se perdió mil momentos suyos
que habrían de ser esenciales
en otro hilo del tiempo.
Vértebras, columnatas
de un templo postergado,
delineadas en trazo difuso
con cuatro o cinco pinceladas
sobre un pergamino de sombras.

En pocos instantes afines estuvo
a su lado, no por desgana ni falta,
sino porque los senderos de hijos y padres
se entreveran como sueños inconclusos,
se apiñan en rituales efímeros
y se disuelven en la niebla de lo inevitable.

No estuvo cuando su padre adquirió la barcaza,
ni cuando la vendió con mayor alegría,
como espejismo luminoso y breve.

Tampoco entre las ollas y sartenes,
del *Curso de cocina para adultos
para la paz mundial*, donde aprendió
a guisar algunas recetas castellanas.

Ni estuvo en aquel viaje a Japón,
memoria púrpura y mitología.
Primero, en el setenta y algo;
más tarde, ya no recordaba.

Ni en su comunión,
ni en la boda con su madre,
ni siquiera en su propio bautizo,
que hubiera sido lo suyo...

No estuvo cuando le dieron el alta
en el ejército obligado a los cuerpos
y salieron a comer huevos fritos
con pan y vino tinto, ni en la partida de después.

Ni conduciendo el *seiscientos*,
surcando la carretera de Madrid
ida y vuelta, vuelta e ida,
en busca de un amor que luego sería su madre.

No estuvo en ninguno de esos momentos,
como si le hubieran relegado a ser
un garabato al margen de su propia vida.

En cambio, en estos días últimos,
acumulando millas de vigilia,
le acompañaba
en los suaves deslices de la lluvia
y en las crónicas de espejos rotos,
fragmentos y flases
de un destino compartido
nunca del todo completo.

II

Una vez más nos faltan aliados
en las trincheras últimas de nuestros corazones.

LUIS GARCÍA MONTERO

DIFÍCIL ACEPTAR EL DETERIORO

Era difícil aceptar el deterioro.
La enfermedad y ocaso se desentendían
de los asuntos cotidianos.
Se extraviaban en las fatigas
del cuerpo desvanecido. La gravedad
del instante parecía no detenerse nunca.

Un ahogo sordo y quebrado agrietaba
la escena descargando la crueldad de la luz.

No parecían obedecer a las exigencias de sus pulmones
y adivinó el desalentador panorama,
como si en un suspiro arrancado al viento,
los pliegues de un soplo desgarrador
capturaran toda su atención.

En algún lugar de esta historia
hubo períodos espléndidos,
fotogramas de un faro erguido
sobre el albor de su existencia.

Cualquiera lucía mejor
en las fotografías de veinte años atrás.
Olvidaban lo guapos que todos habían sido,
lo bien parecidos, incluso

en un mal día de pelo
o con gesto torcido.

El cuerpo de su padre era, hoy, un barco
que naufragaba en la penumbra.
Le asfixiaba, el sutil resuello,
como llama viva de una vela
extinguiéndose. Y él,
un navegante varado en la costa.

Le estremecía que no aceptara comer
—la noche anterior— nada en la cena.
No le interesaba siquiera probar
un bocado del roscón de San Valero.

En el silencio de un crepúsculo extendido,
las dolencias se cernían
como negras aves de paso.

En su inocencia, creía que una buena ronda
en restaurante de pompa y buen producto
podría ser un regalo gustoso.
Que le trataran bien,
le sirvieran vino y viandas.
¡Si unos huevos rotos con carabineros
era algo que no se podía rechazar!

La cortesía se evaporaba
entre las sombras de una nube
en un rincón de su memoria.

Preferiría no salir de su cuarto —decía—
porque ya todo le importaba un comino.

Con la mirada perdida,
en cada uno de sus gestos endebles
se dibujaba la realidad rigurosa:
la desbandada.

EL HORIZONTE DE JOHN FORD

Las malas noticias las traían siempre los médicos,
hundiéndolo —de nuevo— en abismos de pensamiento.
Palabras que transformaba en susurros,
lamentos en la brisa
entrelazados con el eco de un adiós.
Era difícil tener valor para sobreponerse
a lo que dijeran los poderes fácticos,
ya fuera el alcalde, el médico o el cura.

En la alcoba del dolor,
su cuerpo era un poema.
Las potencias extranjeras
y el ciudadano medio
cumplían con rigor el absurdo.
En cada estación de su vida,
una paleta de colores
y la resignación de los designios.
Los temores, la pérdida y una herida
tan profunda como el *Crater Lake*.

Los dictámenes le sangraban el alma,
con resonancia de ausencias:
Hoy tocaba cáncer
en el lienzo de la despedida.
Lágrimas que apuntaban
—¡tan de mañana!— a los santos óleos.

Una danza silente
entre recuerdos de tintura.
En abril, sobrevolarán los carroñeros
de la administración pública
a por su tajada de la herencia,
tras décadas de esfuerzo,
trabajo, impuestos y ahorro.

Los días se deslizaban
como suspiros violeta
en tintineos lejanos
repicando en el valle.

Temeroso de romper la ilusión de la agonía
y el frágil vidrio templado de la memoria,
su imagen quedaba atrapada
en el telón de fondo que caía
con la sordina de una trompeta.

El aprendizaje parecía
una clase maestra de John Ford:
¿dónde está el horizonte?
¿abajo o arriba?
Tatuado como una cicatriz,
el sol comenzaba, sin aviso previo,
su lento declinar.

EL DIAGNÓSTICO

La mañana del diagnóstico
todos se levantaron temprano:
La doctora y los enfermeros,
el paciente y los familiares.
Los trenes desde Madrid,
de bajo coste,
a horas intempestivas,
en un día sin estrenar.

En el hospital, un susurro
pardo y sombrío, el alboroto
de la sanidad pública
como un mercado de Shanghái.

Temblores de despedida
y el péndulo que sellaba en vaivén
el tiempo desdibujado,
atendiendo a los enfermos
que a este lado de la ciudad
parecían ser todos sus habitantes.

Plomo en el aire.
Mar de niebla.
Ocaso sin color ni matices.

Eran conscientes de lo que les podrían decir:
«Se deberían hacer pruebas más exhaustivas»
—el panorama, en un lienzo gris se desvanecía—
«... y, seguramente, demasiado agresivas».

Atendieron sus constantes... le auscultaron...
El corazón del diagnóstico
y un nudo metódico de silencio.

Y... que si «las flemas y otro inhalador.
Y el oxígeno conectado el día y la noche».

Abrazados a la fragilidad del presente,
los sucesivos días se desbarataban
en el tic-tac de una cuenta regresiva.

Para evaluar el tumor
necesitaban una muestra o biopsia,
«es complicado a su edad».
En la mirada de su hermano,
destellos de bravura
y la resignación de un guerrero.
Sostenía la aceptación
como en un leve suspiro:
«Sin tratamiento»,
«nada de nada».

Para aliviar un poema tan efímero,
sin rima, ni métrica, ni musicalidad,
cuando se empezara a encontrar peor,
proponían atención primaria
y negociar los paliativos.

En la estación-término,
sin una estructura clara,
fantástica o descriptiva,
parecía haber partido
el último tren disponible
con destino a ninguna parte.
Un clásico de la literatura, su padre.

Le harían, luego, un electro
y, venga, de vuelta al hogar.
«Como en casa en ningún sitio»
—dijo, entrando por el pasillo
dirigiéndose con torpeza firme
hasta su butaca preferida del salón.

EL SANGRADO I

Como una sombra abrazada al olvido,
el sangrado le condujo
a la enésima hospitalización.
La luz temblorosa de los neones
parpadeaba tiritando entre suspiros.
La piel, marchita, se aferraba
a unos huesos dilatados y huecos.
Las máquinas rezaban murmurando
un zumbido insistente,
rogando no concibieran
ninguna prueba invasiva más.

Era probable que el sangrado,
fantasma de días aciagos,
lo provocara esa medicación
que le carcomía el alma
y consumía sus latidos más inoportunos.
«Está bien, está tranquilo»;
aunque en cada respiración
susurraba ahogos
desafiando el tormento.

Pasaría el doctor en la tarde,
aunque poco tuviera que decir,
repitiendo melodías sin respuesta
como el contrapunto de un canon.

«Si le retiramos la medicación
que le produce el sangrado...»
Seguros de nada, todo lo exponían
con escrupulosidad maestra,
como si tuvieran certeza absoluta
de lo que estaban hablando.

Le exploraron un largo rato
y, al día siguiente repitieron
analíticas y verificaciones.
«Podrían ser muchas cosas»
—dijeron, sin decir demasiado—:
«gastroenteritis, una fisura
en los mapas viales del cuerpo.
Algo puntual, quizás algo peor,
pero no nos aventuremos...
Una colonoscopia daría
una valiosa información extra».

No le dejaron comer esa tarde.
Ahora que, por fin, tan hambriento
hubiera devorado cualquier cosa:
una tortilla, una fruta, un flan *dhul*.

EL SANGRADO II

Volvió a pasearse el doctor
con el tic-tac resuelto
de su taconeo por el pasillo.
No se repetía el sangrado
y eran noticias mejores.

Como un elástico que se dilataba
y contraía, dándole tregua al azar,
seguía razonablemente bien.
Que comiera algo sólido, «ahora, sí»,
y a la mañana siguiente, el alta.
«En todo caso» —dijo, con el vaivén
de un albur oscilante—,
«si se repite el episodio,
seguimiento ambulatorio».

El universo quedaba así suspendido
tras las huellas de sus pantuflas
perdidas en el laberinto infinito
de las habitaciones y el gentío.
Todo eran puertas
cobijando seres humanos.

Nunca supieron qué provocó el sangrado:
tal vez una simple hendedura,
una grieta en la fragilidad de sus días.

«A ver qué tal pasa el fin de semana.»
Deberían haber consultado,
para mayor claridad,
a una pitonisa de confianza.

Habló con su padre un rato,
notó el peso del silencio,
la voz hundida y confusa,
como un río que murmura al batirse
en su descenso. Un rafting
trenzando meandros, inevitable,
hacia su desembocadura en el mar.

CRISIS DE LA MEDIANA EDAD

Cada quien sufría
la crisis de mediana edad
a la edad que le daba la gana.
Los sueños colisionaban
contra condiciones imprevistas
y melodías inevitables.

Otro domingo más,
el mundo yéndose a la mierda.
Los cimientos se agitaban y resistían
el vaivén de su escultura.
Anhelos que se iban desvaneciendo
entre lo etéreo y lo impalpable
para siempre jamás.

Se disipaba entre la bruma,
como la sombra de un ciprés
se fundía con la luz del alba.

La danza de la espuma
en aquella zamba nueva.

¿Qué perseguir, en qué creer
de nueve de la mañana
hasta las cinco de la tarde?
Las objeciones, en silencio.

Regañinas conyugales, desplegándose
como el plumaje de un alcaraván.

Se transportaba hasta territorios
convocados en evocaciones lisérgicas,
extraviándose entre los surcos
de cada arruga nueva y caliente.

Un hombre se teñía
las canas de las sienes
en un éxodo alucinado.

La trama que la vida hilvanaba
en historias entrelazadas.
El fluir del río,
en cada breve ola
que le llevaba
hacia una orilla antigua.

Este devenir sombrío
le liberaba —o eso al menos creía—,
le transformaba —eso decía—,
con un propósito que ignoraba del todo.

Ya no era el que fue, pero al menos era
quien buenamente podía.
Se abrazaba resignado
a la incertidumbre y al misterio.

FONTANERÍA Y BUROCRACIA

En realidad, nunca tuvo talento para la fontanería, ni vocación, ni la más mínima paciencia. Había escapado de la vida cotidiana, esquivando instancias de Hacienda, evitando las renovaciones del carné de conducir, cambiando de teléfono, acotando y desacotando reservas de hoteles, restaurantes y vuelos.

Manejaba su vida con suficiente cintura para no dedicar apenas tiempo a tareas y manejos, para los cuales a esas alturas a duras penas estaba ya preparado. Podría considerarse un inepto social. Forzado por burócratas y gobiernos que insistían en convertir a los individuos en súbditos diligentes, a tiempo parcial o completo, a rellenar formularios, solicitudes, trámites y papeleos, certificar documentos, fotocopias compulsadas y visitar notarías.

¿Cuánto de todo esto le preocuparía a un habitante del siglo diecisiete? Mejoras del tren de vida, de alta velocidad, como debe ser, y, sin duda, era absolutamente necesario y factible. Entonces, hacía tres o cuatro siglos, no dispondrían de antibióticos, ni de cirujanos que se lavaran las manos antes de abrir al paciente en canal y se olvidaran, posiblemente, las tijeras oxidadas en el esternón. Cosas así. La humanidad había mejorado bastante, por cierto.

Pero... ¡tanto papeleo! Y... ¿los fontaneros? Siempre para el lunes que viene: uff, esto no tiene arreglo. Quizás hubiera alguna manera de poderse ahorrar años de existencia dedicados a la nada.

TRES SEMANAS...

El péndulo del reloj de la cocina
farfullaba en la espera,
tejiendo con hilo de oro un telar
de incertidumbres piadosas.
¿Llegaría con el tiempo suficiente?
En estas tres semanas en suspenso
que quedaban hasta el vuelo reservado,
una daga invisible dibujaba
garabatos en el aire y urdía
su fortuna con sirga quebrada.

Entre la bruma del éter, su padre
se desvanecía en un estrépito distante.
Paralizado y afligido, esa mañana
su semblante le había parecido
opaco y cenizo. En la llamada por *Skype*
se mostraba agotado y abandonaría
la conversación sin mediar palabra.

Su madre relataba la penosa rutina:
apenas comía nada, aunque es posible
que durmiera últimamente un poco mejor.
Las pastillas prescritas aliviaban su padecer
como astros fugaces, con efecto efímero.
Mientras, la sombra alargada

de la depresión persistía imperturbable
sobre cada uno de sus gestos.

Hace apenas unos días,
tal vez un par de semanas,
la realidad era apenas un murmullo.
Tímidamente se decía:
«está un poco bajo de ánimo».
Una niebla ligera, un pálido desdén.
Ahora se desplegaba otra evidencia,
más cruda, como una cicatriz abierta.

«Es normal», repetían con la insistencia
del impertinente y vecino campanario
de la basílica de Santa Engracia.
Aunque la razón le asistiera
y gritara lo evidente,
no concebía saber de su dolor.

Sus ojos veían la grieta,
por la que la luz
de un relámpago resplandecía.
Su padre intuyó la tormenta
antes de que la lluvia comenzara a arreciar.

La debilidad, el agobio,
la lucha que enfrentaba
en los días pequeños
sin apenas fuerzas.
Con el aliento desvanecido.
Ducharse.
Vestirse.
Respirar.

... PARECÍAN MUCHO TIEMPO

Miraba la televisión sin ver.
Una pantalla vacía.
Hacía como que leía un libro
sin pasar página...
No atendía ya nunca el celular,
un desierto en el bolsillo
que ningún interés le despertaba.
Parecía convencido
en el empeño de buscar una salida.

Hablar le costaba demasiado,
un esfuerzo titánico.
Cada pregunta, un incordio,
una carga demasiado pesada.
Apenas musitar dos o tres palabras
fugaces, balbuciendo, le consumían
como cera de una vela en la oscuridad.

Su madre comenzaba a aceptar
que ella también tenía que vivir su vida.
Un resquicio, una ventana de sol,
además de cuidarle,
cocinarle,
acompañarle...

Salir un poco, ver a las amigas,
ir a la gimnasia... Algún día comer por ahí,
en el bar cercano del parque, por ejemplo.
Esas cosas.
Algo ajeno a la enfermedad
y al discreto silencio.

Tres semanas
parecían mucho tiempo
para un océano
que emergía sin orilla.

NUNCA LE DIJERON

Nunca le dijeron
que, días antes,
su hermano había fallecido.

EN LA DISTANCIA

En la distancia, la culpa
era un morral de piedras,
un peso antiguo
que no se mencionaba.
Granos de granito de cantera
tallados por manos invisibles,
cercenados con hojas de diamante.

Los padres entregan su vida
como quien traza un atlas secreto:
pañales, palabras, preocupaciones
suspendidas en un soplo de aire,
inmortalizadas en los pliegues de la edad.

Los hijos, ajenos a la trama,
solo vislumbran la realidad de los hechos
cuando la urgencia se despliega
como velas de un balandro.
«No pedí venir a este mundo.»
«Fue su responsabilidad.»
Echando en cara la vida misma,
no estimaron la generosidad del obsequio
hasta mucho más tarde.
Quizás cuando el círculo se cerrara,
regresando al mismo lugar
y ellos mismos fueran los padres

de otros hijos que les echaran en cara
no haber pedido venir a este mundo.

El ciclo vital golpeaba
con la fragilidad de los días,
el deterioro y la muerte,
sin prisa, se sentaban en una silla
a mirarlos de frente a los ojos.

Se fueron a vivir
al lugar más lejano
que les venía más a mano
y las circunstancias dificultaron
la tarea que se les encomendó.
Asistir, cuidar, acompañar.
Afrontar los pequeños y grandes
desafíos del hombre agotado.

Quien tuvo la fuerza de un dios silencioso
—independencia, energía, determinación—,
ahora se deshacía en la fragilidad
de los torpes paseos por el parque.
El simple acto de asearse
y vestirse se tornaba un rito de angustia.
El conflicto de hablar y respirar
precisaba de abrazo y compañía.

Mientras, al otro lado del globo terráqueo,
el maldito condenado saboreaba
su descafeinado en una terraza
del bulevar de Ventura.

III

Amo más que a nadie,
junto a mí, tu ausencia.

JOAN MARGARIT

TINTA NUEVA

Cantaba esa coplilla que en su cabeza
merodeaba los últimos días,
todavía sin título, obstinada,
cuando la llamada de su hermano
despertó su celular de un perseverante sosiego.
En ese mismo instante,
mientras todavía insistía el soniquete,
supo que su padre había muerto.

Ni siquiera se permitió un respiro,
como en un guion ensayado
o un extraño *déjà vu*.
Se rompió en porciones
que nadie pudo recoger.

Hombre de emociones veladas,
como quien ocultaba sus naipes
en una buena mano de póker,
sin dramatismos ni aspavientos.
Solía, ante las miradas ajenas,
enterrar el dolor bajo una sosegada
máscara de estoicismo.

Se interrogaba por el propósito
de la exposición pública e impúdica
en el teatro de las vanidades

habituales del mundo del espectáculo.
Cuestionando los gestos excesivos
de aflicción y lloriqueos,
en regios postureos en las redes sociales
y comunicados de prensa.
La sobreactuación. Ademanes
aparatosos. Lo mucho que se sufre.
Representaciones desmedidas
de actriz de cine mudo.

Sus lágrimas no pidieron permiso ni perdón.
Fluían, entrecortando su aliento
en medio de un silencio ensordecedor.
Las palabras se le trababan, luego,
en conferencia con su madre,
para la que nadie le había preparado nunca.

Decidió que viajaría acompañado por su esposa.
Tal vez le hubiera gustado compartir
algunas conversaciones difíciles con Kid,
sobre la muerte, lo sagrado,
el más allá y el más acá.
Haciéndole preguntas.
Guiando su dolor y dudas.
Pero decidieron que mejor sería
que se quedara en la casa
y ahorrarle un viaje largo
y algunas situaciones incómodas y difíciles.

Aprovechó la meditación
como bálsamo de Fierabrás.
Rogó por un tránsito apacible
hacia la otra orilla de la eternidad

y que su padre se fundiera pronto
con lo trascendental y sagrado,
la fuente de la que todo mana
y da vida al universo. El Tao.

Pensaba en todo esto
porque era mejor que pensar en nada.
La nada era un trago demasiado amargo.
Prefería recordar el *Bardo Thödol*,
libro tibetano de los muertos.
La guía para ser leída
en el tránsito al más allá.
Él se quedaba aquí
y poco más pensaba pudiera hacer.

El fallecimiento de su padre
parecía reiniciar su vida,
dejando en la página en blanco,
versos con tinta
y silencios nuevos.

LONDRES-MADRID

Atrapado en la penumbra
de otro maldito retraso infinito
cruzaba su vuelo, Londres-Madrid,
bajo un firmamento de manto de estrellas.
Arrastrando *samsonites*
desde la ciudad de los ángeles,
soportando brutales demoras
y humillantes cacheos.
Cinturones, zapatos, chaquetas y gafas.
Pasaporte, visados, las llaves, parné.

Los butacones, testigos
mudos de incomodidad,
se resistían a reclinar, atrapados
e inmóviles en su obstinación.
Desafiantes contra el descanso y el sueño.

Buscó refugio entre las páginas
de los diarios de Chirbes,
que alternaba con vanos intentos
de escritos a vuelapluma,
combatiendo lo inteligible
ante la danza imperturbable
de las turbulencias.

Un sombrío propósito le esperaba
insinuándose, bajo el envoltorio
de una toga de noche traviesa.

Aterrizaron en un país en llamas
enfrentado en naderías
y el hartazgo de sinsustancias.

Vilches los aguardaba
con su eficiencia habitual
—*un grado más*—
dispuesto a acercarlos en su vehículo
hasta la ciudad en la que había
transcurrido su infancia.

AVES DE RAPIÑA

Sabía que, al despertar, le esperaría
el ritual de los lamentos
propios, atentos y ajenos.
Se vería envuelto
en el papel protagónico
de una infinita rueda
de condolencias.

Mensajes, correos electrónicos,
se trababan abriéndose paso
como marabunta de hormigas
en un ataque sin piedad
hacia el vano consuelo
de la compasión.

Leyó en algún periodicucho insidioso
algún titular y argumento,
que le provocaban empacho
de desprecio y vómito.
Un reportero o becario trenzaba
relatos inacabados, inexactos,
de intimidades robadas,
con detalles y datos privados
que solamente cabían en las fauces
de un ave sedienta de rapiña.

Lo que días antes podría haber sido
tan solo una suposición, esa mañana
se convertía en certeza absoluta.
Acechando entre los matorrales,
parapetado con su cámara oculta
en un zoom de largo alcance,
micrófonos y transmisores
al olor de la carroña,
ahí estaba, siempre dispuesto
a capturar un destello de vulgaridad,
entre el dolor y la gloria.

LOS DOSCIENTOS METROS

Un olor infausto y pestilente
se adhirió a su llegada
entre las calles
de la —considerada por todos
los analistas y expertos—
mejor ciudad del mundo.

Recordaba los días de desenfreno infinito,
cuando cualquier ocasión era propicia
y buen motivo para la ceremonia
del alcohol a raudales.
Siempre había alguien dispuesto
a sumarse a la celebración y al despiporre.
Tiempos de alegría desmedida.
Tiempos salvajes.
Se reían porque eran jóvenes.

Esa noche aparecía la ciudad
de acogida y, antaño, regocijo,
como evaporada
o perdida para siempre.

A las dos de la madrugada
las aceras transigían enmudecidas
sin un alma sola
que las recorriera.

Subiendo el ascensor,
al llegar al piso octavo,
todos dormían.
Entrando en la estancia,
a la que tantas veces regresaba
para visitar a su padre,
se enfrentaba al lugar de los hechos
donde, siendo un joven
inconsciente de todo,
necesitado de todo,
había vivido de espaldas al mundo.

Ahora,
desde el otro lado del océano,
volvía a la casa rehuida,
para asistir a su funeral.

A las diez de la mañana
los hermanos se dirigieron al velatorio
para recibir a los primeros
madrugadores y plañideras.
Él acudiría a las doce con su madre
del brazo y caminando
los doscientos metros que separaban
el tanatorio de la casa
de sus progenitores.

Al llegar, apenas nadie.
Un inmueble vasto y aséptico,
con varias estancias que murmuraban
en cámara de eco y un corredor
cobijando las telarañas de su melancolía.

Había agua y café en tacitas.
Al fondo, en una estancia, a la izquierda,
tras una cristalera alargada,
reposaba el ataúd de su padre.

PROYECTO FALLIDO

Amigos y no tanto,
bienintencionados y afectos,
se deslizaban ante el amparo
de su intimidad.

Solo ansiaba, sin embargo,
un poco de calma, una elipsis.

Últimamente, la lectura de Chesterton
y su *Ortodoxia* le había brindado
una máxima arrebatadora
a la que daba vueltas en la rotonda:
«cuando uno deja de creer en Dios
es capaz de creer en cualquier cosa».

Anhelaba sentir la muerte de su padre
a través de un pensamiento espiritual.
Si le fuera posible en días como esos
de rutinas, costumbres
y obligaciones adquiridas.

Todos vivían —él mismo—
dominados por el consumo
hedonista, convincente,
de una conveniencia absoluta.

La introspección imposible,
el temor al encuentro
y la atención desmedida.

¿Qué podrían esperar de él
—que nada sabía,
proyecto fallido—
todos, que, tan considerados,
llegaban desde lugares remotos?

LOS ENCUENTROS PSICODÉLICOS

Algunos encuentros del tanatorio parecían remover posos de ayahuasca y psilocibes. Como aquel con el urólogo que conversaba con su tío, presentándose a sí mismo como fontanero, repitiendo, un par de veces o tres, la anécdota en la que aseguraba haberse confundido creyendo que iba a ponerle un catéter a su padre cuando debía ponérselo a su tío. Bromeaba sobre si les colocó finalmente el mismo catéter a los dos.

O los parientes del pueblo de la abuela, a los que nadie parecía conocer y todos confirmaban que, fueran quienes fueran, eran unos pesados insoportables. O los de la universidad, entre los que distinguió a aquel personaje, cuyo nombre aún se le escapa, de inmutable presencia, al que quizás sólo había visto en un par de ocasiones dispersas, siempre en funerales: el de su abuelo o su hermano, quizás.

Parecía dispuesto o entrenado, con palabras de pena y aliento, dignas de un concejal de urbanismo. Teñidas por rumores, y balbuceantes de desidia: qué lástima que nos encontremos sólo en circunstancias tan penosas. Hacía unos años le dijeron que siempre andaba borracho y tenía un serio problema con el alcohol. En esos momentos de adolescencia absurda e inconsciente, lo idolatró. ¡Qué grandeza y sacrificio entregarse a la bebida sin control dejando a un lado las zarandajas del mundanal ruido! La belleza del fracaso. Fe y heroísmo.

En el tanatorio le pareció sumido en sincera aflicción, con el rostro hinchado, el semblante fatigoso. Tal vez tuviera un lado del rostro en parálisis y una barriga, eso mucho más evidente, formidable y desproporcionada.

UN PUÑETAZO DE CASSIUS CLAY

En las horas perezosas de la mañana
y la caída, luego, de la tarde,
se escurría entre el bullicio y se sentaba
en aquel rincón apartado
frente al ataúd de su padre.
Con escudo de Cid Campeador,
escondido tras sus gafas oscuras
—las *Ray-Ban*—,
sus lágrimas eludidas
se deslizaban en un goteo íntimo.

¡Qué hermosura los momentos
inesperados de soledad!
Como si en esa tristeza se ocultara
el reflejo radiante de eterna armonía
de edificios y calles,
adoquines y arboledas.
Ciudades y países
de Europa y América.
El globo terráqueo, planetas
y galaxias que comprendían
este universo y sus paralelos todos.

Al rato, Josie venía y se sentaba a su lado
y compartían un silencio más elocuente
que todos los discursos compasivos

del alcalde y el mismísimo rey de España,
antes de volver de nuevo al ataque,
a lidiar con batallas, a las barricadas
y la guerra de guerrillas
de saludos y sollozos
a comparsas desconocidas
y rostros casi olvidados.

Para el final, aguardaba
quizás el golpe más duro:
un puñetazo cruzado de Cassius Clay
dirigido a la boca del estómago.
A las siete y media de la tarde,
y habiendo aguantado diez asaltos
—diez—,
ya bajaba la tenue luz del crepúsculo
con el rumor de trompetas y tambores
de la banda municipal del coso,
llevándose el féretro
hasta las afueras de la urbe,
al crematorio internacional
de todos los santos de la Tierra.
Un edificio moderno
en descampado y rotonda.

EL CREMATORIO

En la funeraria se encargaban de todo.
Destacados profesionales que sabían
muy bien cuál era su trabajo
y no daban puntada sin hilo.
Todo lo que se pudiera aprender
en mil vidas en torno al fuego,
el calor, la combustión,
temperatura máxima y mínima,
tiempo habitual de incineración
según peso y tamaño.

Consultaron si alguien
iba a presenciar el servicio.
Recordó cuando asesinaron a su hermano,
y le preguntaron si quería entrar a ver
su cuerpo inerte y se negó,
no queriendo —dijo— recordarlo así,
para conservarlo vivo en su memoria.
Una decisión que le pesaba hasta hoy.

Se ofreció para acompañar a su padre hasta el final.
Le explicaron estupendamente el proceso.
Un par de veces por si le quedaba alguna duda.
Como si el sufrimiento se amortiguara
entre recitados de trámite, papeleos y firmas.

Lo más impactante, extraño y sublime,
fue sin duda el instante en que se abrió el ataúd
y tuvo que hacer el reconocimiento de su padre.
Como si estuviera en la morgue de una comisaría
confirmando si el cadáver pertenecía
a la persona que se suponía venía a llorar.

Le sorprendía su aspecto,
como si le hubieran administrado
una fina capa de barniz.
Parecía que estuviera congelado,
quizás para aguantar las largas horas
hasta su llegada desde la otra orilla
del mundo, suspendido en la nada.
Lo vio elegante y hermoso
como lo fue cada minuto de su vida.

Asintió con la cabeza.
Cerraron el casquete
con parsimonia ceremonial y respeto
y lo introdujeron en la incineradora.
Unos raíles deslizaban a su padre hacia las llamas
teledirigidos con control remoto de alta tecnología.
Bajó la cortina, cayendo como el telón en una obra de teatro
al cierre de un espectáculo triunfal.

Al salir del edificio,
mientras Josie pedía un taxi,
en una bancada cercana
rompió de nuevo a llorar,
esta vez como nunca antes,
con tal brutalidad, desfogando
el manantial de dolor
que aguardaba contenido
en la noche oscura de su alma.

LIBRO DE CONDOLENCIAS

A esas horas del amanecer se filtraban los primeros rayos de la luz del día por las rendijas de la persiana de la cocina, gobierno oficial de la casa y de todos los Austrias. Con un segundo café enfriándose en la taza, la voz de Bing Crosby en su magnífico disco con Louis Armstrong sonaba leve en el fondo. Le llegaban a la memoria retazos de un encuentro fugaz de la noche anterior.

Entre el correo almacenado sobre la mesa, un papel asomaba fuera de su sobre, con unas líneas de texto breve que había dejado escritas, en bellísima cursiva, Ángel, un octogenario desconocido que apareció en el velatorio acompañado del brazo de una joven. Venidos desde las tierras altas, contaba que ella era de la capital, pero le había pasado a buscar a su casa en el norte. Desde ahí le traía en su vehículo hasta el tanatorio.

Su hijo no contestaba el teléfono, y su mujer, con lógica preocupación, no le permitía viajar solo. Había insistido en venir, como si en ese gesto se resumiera su manera de entender la vida y no se permitiera una falta tan grave en momentos de rigor como este. Mostraba un respeto y cariño que trascendían su tiempo y las generosas distancias. La belleza de algunas tradiciones que se van olvidando y perdiendo frente al escepticismo moderno, de limpieza prolija, lejía *El Conejo*, que desinfecta la esencia de cada cosa pequeña. Cuando uno se quitaba el sombrero al entrar en un edificio y se llamaban de usted entre desconocidos. Ángel, con una voz arcaica que buscaba entre lo perdido, preguntó insistentemente si disponían de libro de condolencias. Se miraron, sorprendidos, con cara de qué-coño-dice-este-hombre, como si hablara otro idioma o no entendieran el significado real de sus palabras. Costumbres de antes, cosas que ya no se hacían.

Como no disponían del dichoso libro, le consiguieron papeles y un bolígrafo. Dejó por escrito un párrafo conmovedor que todavía le estremecía y sacudía sus entrañas.

NICHOS Y PIRÁMIDES

El progreso, a veces tan hortera,
devastaba lo artesanal y las minucias.
Hermosas costumbres insondables,
cargadas de significado
que se diluyeron en el tiempo,
como la carga pesada de un fardo
del que librarse con cierto alivio.

Los muebles, las fachadas de los edificios.
Los ascensores y las barandillas de las escaleras.
Los ataúdes y las urnas.
Las tazas de café y las servilletas.
El tanatorio entero era un témpano de hielo
recogido a paladas antárticas.

La tierra nunca cubrirá los cuerpos
de su generación entera.
Los gusanos no comerán de su carne
ni se regocijarán en el sabor de sus vísceras.
Las tumbas y lápidas del cementerio
son sustituidas por nichos a cuatro alturas.

Ni un panteón, siquiera algo humilde
y sencillo como una pirámide,
serán ya nunca testigos
de todo lo perdido.

HASTA AQUÍ HEMOS LLEGADO

Antes de que iniciara el culto,
volvieron por última vez al tanatorio
con el compromiso de saludar
a los que se acercaban desde las provincias.

Ahí seguían impávidos los de la universidad
en cámara de eco, reconvertida
en broma familiar de lujo,
desdibujando los insistentes abrazos,
eternos rituales de saludo y carantoñas.
Expertos en el arte funerario,
las misas de difuntos y el pésame mucho.
Caminaban entre letanías,
como espectros en un laberinto
de despedidas interminables.

Confundía para entonces los días,
como un arquitecto de olvidos
contratado especialmente para la ocasión.
Comenzaban a difuminarse los límites
entre alboradas y vísperas,
entre el ayer y el día siguiente al siguiente.
Fuera martes o jueves o Domingo de Ramos,
debía mantenerse en pie con cierta dignidad.

El señor Cantó apareció con su esposa
en misión ineludible y buscó entre el gentío,
rescatándoles de la conversación infinita
de un pelma.

La relación del señor Cantó con su padre
siempre estuvo por encima de la amistad.
Ambos compartían
la herida incurable
del primogénito perdido.

Con la amenaza de quien atisbaba ya el final,
en la última charla que, dijo, mantuvieron,
la voz se le quebró:
«hasta aquí hemos llegado».

Sus palabras convertidas
en amargo presagio,
en el umbral último
de lo probable a lo inmediato.

LA CEREMONIA DE LA CONFUSIÓN

Se acercó con cierta alerta
pero con el corazón abierto,
a la espera de una experiencia
en la que, tal vez, rozara
las yemas de los dedos de lo divino,
como la Creación de Miguel Ángel
en la bóveda de la Capilla Sixtina.

Era una iglesia modesta la de Santa X
y sólo encontró palabrerío en un capellán
carente de la más mínima iluminación.
Recitaba con monotonía cansina
una retahíla que seguramente cacareaba
un domingo sí y otro también.

No recordaba demasiado
de lo que ocurría en la ceremonia
después de tantos años de ausencias,
aunque se percató de algunas alteraciones
en el grueso tejido de la liturgia.

Un *Padre Nuestro* donde la tentación
se transformaba en terrible soledad:
«No nos dejes caer en la tentación»
había cambiado en algún momento
por un «no nos abandones» forzoso.

Y también apreció otros cambios,
que cualquiera sabía cuándo se les antojaron.
Melodías nuevas, que ya no sabía reconocer:
«perdona nuestras ofensas»
en el lugar de las «deudas», y cosas así.
¿Cuándo había ocurrido esto?
¿Se habría enterado el rey de España?
y ¿qué opinaba de esto la ONU?

Es posible que hubiera otros cambios
sustanciales en la ceremonia.
Perdido en todo momento:
cuándo sentarse y levantarse,
cuándo responder al coro.
Ni la más remota idea de la cadencia
de esos himnos monótonos.
¿Tenía que hacer la voz principal?
¿Debía armonizar en quintas?

Junior salió al estrado
y leyó un texto conmovedor,
con el pecho henchido de gloria
como un dios griego, un titán,
con bellas palabras anudadas a la garganta.
Todos, sin excepción, en aquel instante,
quedaron hechizados por su valor y lindura
como si el mismo Espíritu Santo
se hubiera dignado a sobrevolar sus azoteas,
otorgándoles la gracia infinita de su presencia.

Recibieron en fila abrazos y pésames,
«te acompaño en el sentimiento», lamentos así;
y con su hermana se fundieron

rompiéndose a llorarlo todo.
En la salida, el sol parecía burlarse
de las tinieblas barrocas
que habían usurpado su iglesia.

«¿Dónde crees que está tu padre?»
Le preguntó su madre, agarrándole el brazo.
Confundido, respondía con otra pregunta:
«¿En el cielo?» ¿Qué podría decir?
¿Existía acaso una respuesta adecuada?
¿Alguna fórmula mágica para el consuelo?
Pero eso era lo que en ese instante preciso
y, sin duda alguna, creía cierto.

LA TRISTEZA DE LA HUERTA

Escribió un par de líneas
en la quietud de la casa,
cuando algunos dormían o lo intentaban.
Dialogaba en garabatos mayúsculos
con el alma en la penumbra de la mesa
de los desayunos, con pan rociado de aceite.
Las palabras eran rodajas de tomate
rebanándose en su navaja,
emborronando el cuaderno
con monólogo interior.

Ajeno más tarde al bullicio
de los chicos que canturreaban,
y al rato de repente, reían,
construyendo un bálsamo de regocijo
en la presencia absorta de su madre.

Se quedaría los días siguientes con ella
con la prudencia como testigo de cargo.
Menudo lastre su compañía
para el desamparo de una madre.
Tan parco en palabras y emociones,
siempre fue la tristeza de la huerta.
Debería proveer, en lo sucesivo,
y conceder, el consuelo mínimo
de su presencia.

LA DIETA MEDITERRÁNEA

Guardaba en su cuaderno,
en las páginas de entrada,
la esquela que habían publicado
en un periódico local.

Visitas y abrazos,
familiares y amigos,
cercanos o distantes,
se habían desvanecido
dejando un pálido rastro
que aún resonaba en la lejanía,
insistiendo en que, de todo,
hacía ya demasiado tiempo.

Veía a algunos de los que se acercaron
como espectros de otra época,
fisonomías borrosas de veinte años atrás:
familiares que no recordaba la última vez
que se reunieron bajo un mismo techo,
compañeros de su misma generación
marcados por el escaso favor
implacable del tiempo,
que, la dieta mediterránea
(cigarrito, café y las cañas),
había dejado hecho unos zorros.

Llevaban inscrita la huella
y el mapa del Somontano,
el cierzo y cincuenta inviernos.
Turgencias visibles,
amores intangibles,
vidas despiadadas.

LA VIDA DE UNA MOSCA

¿Cómo transcurría el tiempo para una mosca?
Pareciera un suspiro
de apenas un par de semanas
según medían el tiempo
los expertos en la materia.
Para ellas, una vida entera:
del huevo a la mosquita.
De la edad adulta, a la procreación.
—Mil huevos, aproximadamente, familia numerosa—
el reconocimiento del entorno,
aventuras y viajes.
También la inmundicia y la muerte.

O para un perro, o un gato,
cuya existencia pudiera alargarse diez,
quince, veinte años en el mejor de los casos;
pero que sentirían —imaginaba—,
como ciclos completos
en los que disfrutaban
el juego efervescente de la juventud,
el cuidado amoroso de sus cachorros,
la etapa adulta tranquila, sosegada,
y, al final, la vejez con achaques
y la inevitable muerte.

Y, los humanos, que viviendo algo más, no mucho,
cruzaban cada una de esas etapas,
conscientes —es un decir—, racionales —algunos—,
tratando de aprender en qué consistía la vida
sorteando obstáculos,
saboreando o sufriendo
a cada instante.

Esos asteroides y los planetas,
las galaxias que gozaban las vistas mejores,
¿Y la vida del propio Universo?
¿O la de Dios?

Viéndolo todo,
quedándose con las caras
de cada una de las moscas
y perros y árboles
y humanos geniales, tozudos o inútiles
que poblaron la historia
desde su génesis.

Fueran moscas o galaxias,
todos tenían su tiempo
limitado y gozoso
en un destello fugaz.

Todos tuvieron más que suficiente.
Algunos quedaron insatisfechos
con la invitación.

Su padre, que tuvo la sabiduría
de los árboles y la selva del Amazonas

de las constelaciones y los agujeros negros,
le repetía en sus últimos días
que sobre todo se preocupara
de exprimir la experiencia
como si fuera un limón.
Pero no como hacían ahora
en los restaurantes de los hoteles de tres estrellas
en las cercanías de los aeropuertos,
que desperdiciaban los cítricos
tras una rápida escurrida,
sino hasta la última gota,
para que no quedara nada
de nada
de nada.

ÍNDICE

II

III

Los suaves deslices de la lluvia
de Enrique Bunbury,
compuesto con tipos DGP,
maquetado bajo el cuidado de Daniel Vera,
y con la aprobación de Juan Gallego Benot
como editor de mesa de la obra
y revisor de las galeradas
se terminó de imprimir
el 5 de septiembre de 2025.
Ese mismo día de 1646
Don Juan de Palafox, obispo de Puebla,
funda la Biblioteca Palafoxiana,
primera biblioteca pública de América.

LAUS DEO